AF393974

Norah Custaud

Des peintres
au jardin des Oliviers

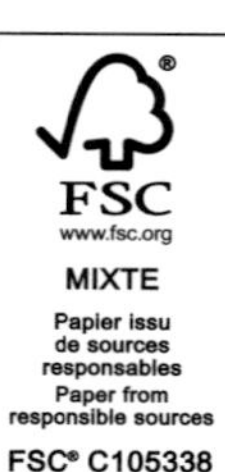
FSC
www.fsc.org
MIXTE
Papier issu
de sources
responsables
Paper from
responsible sources
FSC® C105338

Des peintres
au jardin des Oliviers

À Marc-Antoine, pour ton amour
inconditionnel et ton soutien permanent,
grâce auxquels tout me devient possible.

Chaque tableau contient mystérieusement
toute une vie, avec ses souffrances,
ses doutes, ses heures d'enthousiasme et
de lumière.

Wassily Kandinsky[1]

Introduction

Les différentes représentations du récit de Jésus au jardin des Oliviers mettent en images l'ineffable d'un épisode important de l'histoire de l'humanité, l'incarnation du Christ, de celui qui a assumé la nature humaine jusqu'à la souffrance : « de même qu'il n'y a eu, qu'il n'y a ou qu'il n'y aura aucun homme dont la nature n'ait été assumée dans le Christ Jésus notre Seigneur, de même il n'y a, il n'y a eu et il n'y aura aucun homme pour qui il n'ait pas souffert »[2].

Par son incarnation, le Christ a souffert au jardin de Gethsémani en tant qu'homme, pour les hommes, à la place des hommes. Il a connu la peur, il a vécu le silence et la solitude de chaque homme, il s'est identifié au destin de chaque homme. C'est pour cette raison que l'homme ne se sent pas étranger à sa figure.

Cet ouvrage souligne l'originalité de ce texte qui a suscité beaucoup d'œuvres picturales et il montre comment ce récit de Gethsémani a inspiré de façons diverses de nombreux artistes et ce que les artistes ont apporté à leur tour à l'expérience de l'abandon de Jésus. Ensuite, nous mènerons une analyse plus approfondie des œuvres de deux peintres, Gauguin (1848-1903) et Rembrandt (1606-1669), de leur interprétation de cette scène de Gethsémani d'après leurs expériences personnelles d'abandons, de solitude. Qu'ont-ils retenu de cet épisode évangélique où Jésus se montre abandonné et seul dans sa prière au jardin des Oliviers ?

Cette pluralité de lectures conduira à toucher la grandeur de l'amour de Dieu qui est au cœur même de ce passage, cet amour qui permettra d'enraciner la foi, de réconforter et de soutenir l'espérance de l'homme du XXIe siècle.

I

Les représentations de Jésus au jardin des Oliviers

Les représentations de Jésus au jardin des Oliviers

Le texte de Jésus à Gethsémani a influencé la peinture, notamment à partir du XVe siècle, il a inspiré des artistes aussi divers que Dürer, Mantegna, Le Greco, Blake et Bellini. Quelques œuvres se distinguent par leur originalité comme celle de Gauguin, qui a représenté le Christ au jardin des Oliviers sous ses propres traits, ou celle des lithographies de Rembrandt. Plusieurs artistes contemporains continuent à offrir leur regard sur les passages de la Bible, en les peignant d'un style particulier, comme le peintre chinois He Qi avec son style coloré et ses formes inspirées par l'art populaire chinois[3] et le peintre américain et polyvalent Anthony Falbo, dont les œuvres d'art ont été influencées par l'effet d'ombre et de lumière de Rembrandt et le cubisme de Picasso. Anthony Falbo a réalisé plusieurs œuvres religieuses remarquables en forme cubique et parmi celles-ci, Jésus à Gethsémani[4].

Nous avons d'abord choisi d'analyser différentes représentations de Jésus au jardin des Oliviers puisque le travail des artistes permet d'enrichir notre étude du récit biblique par leur mise en scène des personnages et par leurs effets d'ombres et lumière.

Leurs représentations permettent d'approfondir notre lecture en proposant des accentuations différentes. Elles offrent ainsi de nouvelles interprétations du récit biblique parce qu'elles ne sont jamais de simples illustrations mais toujours une lecture personnelle, une nouvelle mise en scène.

En plus, les interprétations sous forme d'images présentent l'intérêt de renouveler le langage théologique. Celui qui regarde les gestes ou les expressions des différents personnages représentés (Jésus, les disciples ou l'ange) et qui sent l'émotion qui s'en dégage redécouvre que ces personnages évangéliques ne sont pas imaginaires ; ils les reconnaît comme ayant été réellement présents dans notre monde, comme des êtres incarnés et sujets à des sentiments. Quant à la diversité des représentations, elle nous pousse à réfléchir sérieusement sur l'incarnation du Christ dans l'histoire humaine surtout au jardin des Oliviers, où Jésus a souffert dans son corps et dans son âme. Certains artistes qui avaient une attirance particulière pour les textes de l'Écriture ont essayé de combiner ces textes à leur manière, mais le plus souvent, ce qui les intéressait c'était de représenter Jésus en position de prière au jardin des Oliviers. De fait, l'image devient ici un moyen de rencontre avec l'évangile et par suite avec Dieu.

Bernadette Neipp[5] considère que les premières représentations de Jésus, qui commencent au IVe siècle, n'exprimaient pas sa faiblesse. C'est le cas de la mosaïque de la basilique de Ravenne en 520 où Jésus apparaît debout, au centre, les bras levés ; il domine légèrement ses disciples qui sont assis et éveillés auprès de lui. Dès le XIVe siècle, la scène de Gethsémani est interprétée différemment par une spiritualité qui insiste sur la souffrance de Jésus et n'hésite pas à accentuer l'angoisse et la solitude que provoque le sommeil des disciples. Cette interprétation de la scène de Gethsémani perdurera sans modification majeure jusqu'à aujourd'hui.

De nombreuses œuvres représentent l'agonie par une composition à trois étages. Au premier plan, les disciples qui dorment, puis vient Jésus abîmé en prière et enfin un interlocuteur qui peut revêtir la forme d'un ange ou de Dieu lui-même. D'autres artistes préfèrent juxtaposer trois petites scènes, comme un triptyque qui reprenne trois moments de Gethsémani : Jésus en prière, Jésus réconforté par un ange et Jésus réveillant ses disciples qui dorment.

Le personnage de Jésus

Le personnage de Jésus

Dans le jardin des Oliviers, Jésus est représenté tantôt éloigné de ses disciples[6] en un lieu surélevé, une butte[7] ou un monticule[8], comme le dit Luc « à un jet de pierre » (Luc 22, 41), ou tantôt proche des disciples qui sont endormis un peu plus bas. Certaines gravures comme celles de Dürer représentent Jésus occupant l'essentiel du tableau tandis que le groupe des disciples endormis occupe un espace plus petit et moins visible[9]. En choisissant l'évangile de Luc, certains artistes représentent Jésus à genoux[10] en train de prier, il a les mains jointes ou les bras écartés. Mais nous pouvons aussi le trouver la face contre la terre[11] suivant Marc et Matthieu : il tomba face contre terre (Matthieu 26, 39) ou bien assis, fatigué comme presque évanoui[12]. Luc note : entré en agonie, il priait de façon plus instante, et sa sueur devint comme de grosses gouttes de sang qui tombaient par terre (Luc 22, 44). Ce détail de la sueur du sang, mentionné uniquement par Luc a peu retenu les artistes, exception faite dans notre sélection du peintre allemand Hans Multscher qui voulait insister sur l'horreur du moment en représentant Jésus dans une attitude de prière, les yeux dirigés vers le ciel, les mains jointes mais légèrement inclinées vers la terre ; les taches de sang sont visibles[13]. La plupart des artistes ont cherché à surélever Jésus bien que l'évangile de Marc ne mentionne qu'une mise à distance pour prier[14], probablement pour le distinguer des disciples et montrer que même dans sa faiblesse humaine, Jésus reste le maître et le Seigneur. N'oublions pas de mentionner d'autres interprétations de Jésus dans lesquelles des peintres asiatiques[15], africains[16] et Amérindiens[17] n'ont pas hésité à peindre un Jésus sous les traits de leurs cultures.

L'ange qui présente la coupe ou la croix

L'ange qui présente la coupe ou la croix

L'ange de l'évangile de Luc est très fréquemment représenté en tenant une coupe à la main. Le thème de la coupe, qui se trouve dans l'Ancien Testament, symbolise une épreuve à traverser. Dans certains tableaux, la coupe est surmontée par une hostie. Selon une tradition non scripturaire, cette coupe représente par anticipation des instruments de la passion : la croix[18], la couronne d'épines, l'éponge imbibée de vin aigre fixée sur une perche en bois, la colonne de la flagellation et la lance avec laquelle les soldats vont s'assurer de la mort du Christ[19]. Deux peintres, l'italien Lorenzo Ghiberti[20] et l'allemand Albrecht Altdorfer peignent en face de Jésus un ange qui lui tend l'hostie ; il semble que Jésus se confronte aux réelles conséquences du don qu'il a fait quelques heures plus tôt durant le repas de la cène : le don de son corps et de son sang sous forme de signe du pain et du vin. Ailleurs, nous trouvons des anges qui volettent dans les cieux ou sont alignés sur un nuage en présentant la croix[21]. L'ange de Luc apparaît souvent dans un coin de la composition en faisant un geste de bénédiction[22] ; il réconforte Jésus aussi en le prenant dans ses bras[23] : je voudrais être reçu sous ta tente pour des siècles et m'y refugier, caché sous tes ailes (Psaume 61, 5). Parfois l'ange[24] est remplacé par Dieu qui est alors figuré par sa main droite, sa tête ou par son buste bénissant.

En conclusion, nous remarquons la présence fréquente de l'ange qui, à certaines époques, a joui d'un véritable culte, il se présente comme un protecteur qui garde du danger ceux qui lui sont confiés. Les peintres ont donc été particulièrement sensibles au récit lucanien.

Les disciples

Les disciples

Certains artistes représentent tous les disciples[25] ensemble, d'autres préfèrent suivre l'évangile de Marc et distinguent seulement trois disciples : Pierre, figuré avec une barbe et une chevelure blanches ; Jean, un homme jeune et imberbe et Jacques qui a une barbe et des cheveux bruns[26].

Luc est le seul à donner une explication du sommeil des disciples en affirmant que c'était la tristesse qui les faisait dormir. Ils sont alors représentés dans des attitudes variées : endormis par terre « il vint et les trouva en train de dormir » (Matthieu 26,43), allongés de tout leur long, comme c'est le cas chez

Mantegna (Londres, 1459). Quant à Botticelli, il présente deux disciples allongés étendus[27]. Dans de nombreux tableaux, les apôtres sont enveloppés dans leurs manteaux[28]. Parfois les trois disciples sont mal installés sur un sol rocailleux et semblent recroquevillés sur eux-mêmes, en train de dormir ou plutôt de somnoler, comme dans l'œuvre de Giovanni Bellini[29].

L'œuvre de Dürer mérite une attention particulière, car il donne une image différente du sommeil des trois apôtres : le plus âgé, Pierre, dort la main fermée sur le glaive dont il se servira bientôt : et voilà qu'un de ceux qui étaient avec Jésus, mettant la main à son glaive, le tira et, frappant le serviteur du grand prêtre, lui emporta l'oreille (Matthieu 26, 51) ; Jacques, le menton posé sur les mains, semble en proie à des cauchemars ; et Jean,

dont le visage est altéré par
l'inquiétude, semble rêver plutôt que
de dormir[30].

Les soldats

Les soldats

C'est au jardin de Gethsémani
que Jésus sera arrêté par les soldats
conduits par Judas. Cette arrestation
est mentionnée par Matthieu et
Marc : comme il parlait encore,
survient Judas, l'un des douze, avec
une troupe armée d'épées et
de bâtons(Marc 14, 43 ; Matthieu
26, 47). Bien que
l'arrestation suive la scène du Christ
au jardin des Oliviers,
certains tableaux anticipent cet
épisode et rassemblent dans une
même et unique composition les
deux récits. Parmi ces tableaux,
citons le jardin de Gethsémani
d'Andrea Mantegna qui représente
un long sentier sinueux sur lequel
Judas conduit les soldats vers son
maître pour l'arrêter « avec

des lanternes, des torches et des armes » (Jean 18, 3).

Le tableau du peintre Hanz Multscher représente l'entrée de Judas au jardin sous un mode presque brutal, il est suivi des soldats qui sont armés de piques et de hallebardes et font comme irruption dans le tableau. Dans une œuvre de Mantegna, cinq anges posés sur un nuage tiennent une croix, tandis qu'à l'autre extrémité Judas s'approche avec les soldats (Londres, 1455).

Enfin nous trouvons à la Cathédrale Notre-Dame de Strasbourg, une représentation vraiment originale du mont des Oliviers. Veit Wagner au XVe siècle a sculpté derrière Jésus, un Judas au nez crochu qui tient dans sa main gauche une bourse, c'est l'argent qu'il va recevoir pour livrer son maître : Judas s'en alla chez les grands prêtres pour leur livrer Jésus, à cette nouvelle, ils se réjouirent et promirent de lui donner de l'argent (Marc 14,10-11). Judas tient aussi dans sa main une corde qui indique son sort final. Le sculpteur ajoute à la scène un serpent qui symbolise le Mal rampant près de Judas comme si ce traître était voué à la géhenne infernale. Des soldats sont derrière Judas, les uns portent l'armure, le casque et l'épée, et les autres portent des piques et des hallebardes. La présence de Judas et des soldats dans la scène de Gethsémani permet de montrer que la prière de Jésus marque bien le début de sa Passion. C'est aussi une façon de signifier qu'à ce moment-là Jésus savait déjà que son arrestation était imminente.

Le jardin

Le jardin

Le jardin des Oliviers ou Gethsémani, est un lieu proche de Jérusalem, de l'autre côté de la vallée de Cédron. Certains artistes représentent l'endroit comme un enclos dont nous apercevons la barrière[31], d'autres peignent un paysage fait de collines, de rochers et de plantes épineuses et proliférantes. D'autres peintres, comme Bellini, ont imaginé un décor dépouillé, vraiment aride, qui n'a plus rien d'un jardin[32].

D'autres modifications du récit de l'agonie sont introduites par les artistes sans avoir de fondement apparent dans les textes évangéliques.

Fra Angelico (Florence, 1440) complète la scène de Gethsémani par la prière de Marthe et Marie dans leur maison[33]. En 1840, Janmot souligne l'aspect dramatique de l'évènement par un clair-obscur prononcé, où seul le Christ est éclairé par un rayon lumineux[34]. Tissot représente Jésus dans une grotte, il est entouré par des anges qui détiennent des globes avec les scènes de la passion, y compris la voile de sainte Véronique et la Lamentation[35] de la vierge Marie[36], cette douleur de la vierge est exprimée dans un poème attribué à un poète franciscain Jacopone da Todi : Elle était là, debout, tout en pleurs, cette mère d'affliction, près de la croix qui tenait suspendu son Fils. Son cœur gémissant, écrasé de tristesse et de souffrance, fut transperce par un glaive. (…) Qui donc résisterait aux larmes, s'il voyait la mère du Christ dans un tel tourment ? Qui ne sentirait l'étreindre une profonde compassion, à contempler la mère du Christ qui souffre avec son Fils ? [37].

On le constate, les peintres en représentant l'épisode de Jésus à Gethsémani nous transmettent un message très complet et très riche : ils ne peignent pas uniquement ce qu'ils ont appris des évangiles mais aussi ce qu'ils ressentent. Les moindres détails du visage angoissé de Jésus, de la posture des apôtres endormis qui évoquent la solitude, la douleur ou le désarroi, la façon dont sont figurés les soldats ou le jardin, tous ces éléments apportent une densité à la scène de Gethsémani et créent une dramaturgie propre à chaque œuvre. Ainsi représentée, l'agonie de Jésus n'est plus une simple interprétation du texte biblique, mais un véhicule qui permet d'imaginer la scène et surtout de transmettre l'émotion de l'artiste.

Ajoutons que ces représentations deviennent un

moyen universel de rencontre avec l'évangile, car elles permettent de dépasser les frontières linguistiques, intellectuelles, culturelles et confessionnelles.

C'est ce que nous pouvons vérifier avec Gauguin et Rembrandt, des artistes qui ont tous deux fait une lecture de Gethsémani forte et enracinée dans leur vie. Gauguin dans une période douloureuse de son existence, s'identifie à ce Jésus abandonné de tous au jardin des Oliviers. Lui, l'artiste solitaire, souffrant et incompris, il prêtera ses propres traits au Jésus souffrant qui domine toute la scène. Au contraire, Rembrandt va représenter un Jésus réconforté par un ange qui le soutient physiquement. L'analyse de ces deux œuvres, très différentes par leur époque et leur style, permettra de montrer l'orientation que chacun de ces deux artistes accorde à l'unique scène de Jésus au jardin des Oliviers.

Les autoportraits de Gauguin représentent non seulement l'artiste lui-même, abandonné, mais ils permettent à chacun de pouvoir s'identifier avec le personnage principal. Tandis que Rembrandt, qui excelle à exprimer les sentiments les plus intenses, a plutôt essayé par ses tableaux d'éveiller dans le cœur de chacun des émotions profondes comme celle du réconfort apporté à Jésus par son Père.

II

Deux peintres au jardin des Oliviers

Le Christ au mont des Oliviers
Paul Gauguin

Le Christ au mont des Oliviers de Paul Gauguin

Né à Paris en 1848, Paul Gauguin est un peintre postimpressionniste[38]. De nombreux éléments ont influencé l'œuvre exceptionnelle de son Christ au jardin des Oliviers : sa vie personnelle, ses sources et ses amitiés. Gauguin a raconté son expérience difficile et la tristesse que lui causait la vie austère de Paris, ce "désert pour l'homme pauvre"[39].

Il a beaucoup souffert de sa situation matérielle, de l'échec de son exposition auprès du public. Plus tard, il note dans un cahier de souvenirs dédié à sa fille Aline : « j'ai connu la misère extrême, c'est-à-dire avoir faim et tout ce qui s'en suit »[40]. Il trouve son inspiration dans diverses sources comme les tableaux de Manet, les estampes japonaises, la pratique de la céramique, le cloisonnisme, l'art celte et les arts primitifs en général. Ce peintre, qui n'était pas religieux au sens ordinaire du mot mais enclin au mysticisme, sera frappé par la sincérité et la candeur de la foi des paysans bretons. Il se sentira attiré par les expressions de la religiosité populaire, qui étaient un mélange de foi et de superstition.

En 1888, Gauguin commence son premier tableau religieux : *la lutte de Jacob avec l'Ange*. Cette œuvre marque sa rupture définitive avec l'impressionnisme et son orientation vers le symbolisme. L'artiste cherchera le calme au Pouldu, car selon lui, Pont-Aven, prisé par ses confrères, est devenu un pays "plein de monde étrange et abominable"[41].

C'est au cours de ce séjour qu'il exécute le Christ au jardin des

Oliviers[42], une œuvre qu'il peint en novembre 1889. Dans ce tableau, les traits du Christ manifestent clairement qu'il s'agit d'un autoportrait de l'artiste. Il suffit pour s'en convaincre de le comparer à un autre autoportrait exécuté un an auparavant, les Misérables, que le peintre a réalisé pour Van Gogh. Ce premier autoportrait fait référence à l'œuvre de Victor Hugo où le peintre s'identifie avec Jean Valjean, parce que, comme lui, il se sent persécuté par la société : être au premier abord, un bagnard, un Jean Valjean, personnifiant aussi un peintre impressionniste déconsidéré[43]. Désormais Gauguin ne se contente plus d'être Jean Valjean, mais il se représente comme le Christ lui-même, à un moment particulier de sa vie : à Gethsémani, quand il est trahi par Judas et délaissé par ses apôtres endormis.

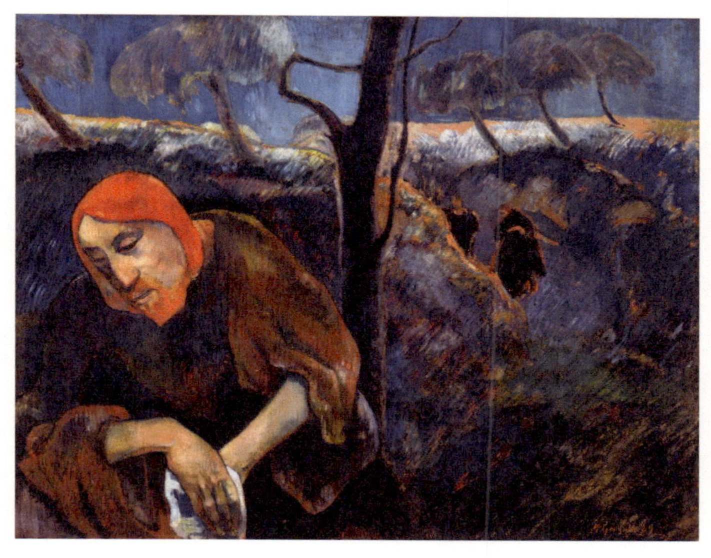

PAUL GAUGUIN
Christ in the Garden of Olives, 1889
Oil on canvas
28 1/2 x 36 in (72.4 x 91.4 cm)
Norton Museum of Art, West Palm Beach,
Florida,
Gift of Elizabeth C. Norton, 46.5

Lors de sa création, Gauguin considère ce tableau comme sa meilleure œuvre : je crois que je viens de faire ma meilleure chose. Un Christ dans le jardin des Oliviers[44]. Le peintre se peint en une personne incomprise, humiliée, contrainte au travail, appauvrie ou suppliciée et qui se sent abandonnée des uns et trahie par les autres.

En regardant le tableau, un détail nous frappe : cet autoportrait n'est pas peint comme une ressemblance vue dans un miroir. Gauguin représente le Christ, les yeux baissés avec un nez busqué et il est à l'extrême gauche du tableau ce qui met en valeur son humilité et son chagrin. L'artiste peint de même un chemin menant au mont des Oliviers, un chemin qui ressemble aux chemins creux typiques de la Bretagne de l'époque, tandis que la ligne d'arbres à l'arrière-plan évoque une courbure de palmiers, alors qu'il s'agit tout simplement de pommiers.

Cette manière de peindre est plus symbolique que réelle, elle n'est plus purement figurative comme le pressent Gauguin qui écrit à Schuffenecker en 1888 : l'art est une abstraction. Tirez-la de la nature en rêvant devant et pensez plus à la création qui en résultera, c'est le seul moyen de monter vers Dieu en faisant comme notre Divin Maître, créer[45].

Le Christ a une chevelure rouge, symbole de sa souffrance humaine ; cela renvoie à l'évangile de Luc : pris d'angoisse, il priait plus instamment, et sa sueur devint comme des caillots de sang qui tombaient à terre (Luc 22, 44). La posture de Jésus ne correspond pas à celle des évangiles ou des autres peintres : son Christ est assis, presque affalé, avec les mains croisées, ce qui exprime la douleur et la résignation.

À l'arrière-plan, trois petites figures s'enfuient derrière un ravin, nous pouvons penser que ce sont les disciples qui l'ont trahi. Soulignons que le récit de Gethsémani ne mentionne pas la fuite des disciples, mais seulement le sommeil de ces derniers. Il semble que Gauguin se soit inspiré ici du peintre allemand Dürer et de son tableau la petite passion, réalisé en 1511. Cette hypothèse se fonde sur le fait que Dürer avait déjà représenté un Christ seul et torturé dans une position similaire, même s'il était marqué par les stigmates et la couronne d'épines. C'est de cette manière que Gauguin a voulu imaginer le sauveur du monde.

En fait, Gauguin rêvait d'une unité de l'espèce humaine, grâce à la propagation d'une culture et d'une vérité uniques et universelles, où christianisme et démocratie se seraient accordés : le principe du Christ que tous les hommes sont frères, que celui qui voudra être le

premier soit le serviteur de tous […].
Entre ces principes de fraternité
chrétienne et de démocratie
moderne, de citoyens libres régis par
la même loi d'égalité, n'y a-t-il pas
affinités, entente, accord naturel en
évitement de dissidences, conflits,
fusion, identification comme
éléments complémentaires
d'organisation ?[46]

C'est par ses œuvres
artistiques que Gauguin essaya
d'exprimer sa conception
personnelle du monde et de la vie. Il
voulait montrer au monde sa vision
des choses et se présenter comme un
nouveau prophète, sauveur du
monde, tout en exprimant ses
reniements impatients, son avidité
inquiète et, en un mot, son angoisse.
Gauguin, cet homme révolté contre
les conditions intellectuelles et
sociales de son temps, a été rejeté,
banni, abandonné par ses
contemporains.

Jésus au jardin de Gethsémani
Rembrandt Van Rijn

Jésus au jardin de Gethsémani de Rembrandt Van Rijn

Rembrandt fût un des rares artistes à avoir illustré autant de récits de l'Ancien et du Nouveau Testaments. Il semble qu'il était passionné par l'irruption de la transcendance dans le monde des humains qu'il exprimera par ses impressionnants clairs-obscurs. C'est un artiste qui traduit les récits bibliques avec une grande densité théologique comme en témoigne sa représentation de Gethsémani. Son interprétation de la scène de Jésus au jardin des Oliviers en fait l'une des plus originales gravures de son temps.

Rembrandt, qui était un fidèle de la Parole et de la relecture biblique, a toujours cherché à illustrer des passages de la Bible de manière personnelle pour en dégager un sens nouveau, unique et universellement compréhensible. Il est connu pour pouvoir donner une impression d'humanité à ses portraits et à ses scènes religieuses. Ses principales œuvres religieuses sont les disciples d'Emmaüs (1648), le sacrifice d'Isaac (1655) et Jésus-Christ au mont des Oliviers (1657). Les fortes émotions que produisent ces tableaux semblent traduire les sentiments profonds de l'artiste comme en témoigne le tableau des disciples d'Emmaüs : « la figure du Christ surtout est admirable, avec le rayonnement de son pâle visage, avec ses lèvres entr'ouvertes et ses grands yeux vitreux qui ont vu la mort, avec cet air de bonté compatissante et d'autorité qui éclate dans toute sa personne ! »[47].

En 1657, le peintre traverse une période troublée : il a des ennuis avec ses créanciers et il est obligé de tout vendre. À 52 ans, l'artiste se retrouve sans abri et sans ressources : « il se sentait délaissé par ses contemporains (…) à ce moment de sa vie l'avenir lui apparut, sans doute, sous les couleurs les plus sombres. Mais comme ces métaux précieux qui n'abandonnent qu'au feu les scories auxquelles ils sont mêlés et qui pour acquérir toute leur valeur doivent passer par la fournaise, le génie du maître allait se purifier et grandir au contact du malheur »[48]. Il faut alors qu'il fasse un effort pour reprendre son travail. Il choisit alors de graver un sujet religieux, celui du Christ au jardin des Oliviers.

Cette œuvre réussit à « faire toucher du doigt, des yeux et du cœur à quel point, dans sa matérialité même, elle est un art spirituel, au sens où Maritain disait de la poésie qu'elle est une inscription du spirituel dans le sensible et qui s'exprimera d'elle-même dans le sensible»[49]. Dans cette gravure, le peintre utilise la technique de l'eau forte[50] qu'il avait déjà employée dans d'autres scènes de vie de Jésus. De petite dimension[51], cette gravure est conservée aujourd'hui au Musée des Beaux-arts du Canada.

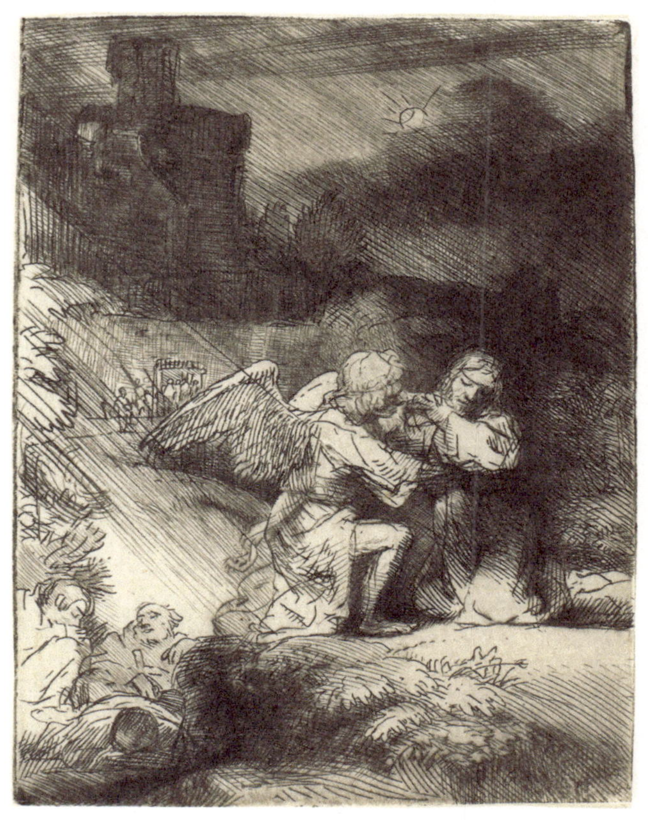

REMBRANDT VAN RIJN
Le Christ au jardin des Oliviers, v.1657
Eau-forte et pointe sèche sur papier vergé,
11.1 x 8.4 cm
Musée des beaux-arts du Canada, Ottawa

Rembrandt choisit la version lucanienne de Gethsémani en représentant un Christ défaillant soutenu par un ange, à côté de lui les apôtres sont plongés dans le sommeil. L'artiste interprète en profondeur l'œuvre de Luc en mettant l'accent notamment sur la subtilité du clair-obscur, une méthode qui se fonde sur une opposition entre des parties illuminées et d'autres qui sont plongées dans l'obscurité : « le clair obscur n'est jamais chez Rembrandt une juxtaposition, mais un engendrement mutuel qui met aux prises ombre et lumière (…), qui finalement n'a d'autre issue que l'éperdu et la rigueur d'un authentique cœur à cœur »[52]. Cette technique de l'artiste n'a pas ici seulement une valeur esthétique, mais aussi une valeur métaphysique et spirituelle. Comme le dit Pascal : « s'il n'y avait point d'obscurité, l'homme ne sentirait pas sa corruption ; s'il n'y avait point de lumière, l'homme n'espérerait point de remède. Ainsi, il est non seulement juste, mais utile pour nous, que Dieu soit caché en partie, et découvert en partie »[53].

Au premier plan, se trouvent les deux personnages principaux qui sont placés sur un monticule, une élévation que Rembrandt reprend de la tradition artistique. La montagne était un lieu de prière habituel où Jésus s'adressait à son Père : « Jésus prit avec lui Pierre, Jean et Jacques et monta sur la montagne pour prier » (Luc 9, 28 ; 6, 12).

Les personnages ne sont pas dessinés à la même échelle ; Jésus et l'ange sont plus grands que les trois disciples endormis en bas à la gauche de l'eau-forte. Au dernier plan, apparaît un paysage sombre avec une tour à peine éclairée par les lueurs faibles de la lune et, en dessous de la tour, des personnages aux détails indéfinissables. Nous remarquons bien les contrastes de l'exécution ; alors que certains détails, comme les personnages de l'ange et de Jésus, sont terminés avec un soin minutieux, d'autres parties, comme les soldats, sont à peine ébauchées. Tout ceci manifeste les sentiments les plus profonds de l'artiste.

Pour ce qui est de l'éclairage, Rembrandt utilise la lumière pour souligner les moments forts de l'événement. Comme le dit Joachim von Sandrat à propos des tableaux du maître : « il y a peu de lumière dans ses œuvres, sauf à l'endroit où il voulait concentrer l'intérêt ; ailleurs, il regroupait avec grand art lumières et ombres avec des reflets bien mesurés et des passages de la lumière à l'ombre d'une grande habileté ; son coloris était ardent, et tout révélait un jugement profond »[54]. Ici, seuls les deux personnages sont éclairés, tandis que le reste de l'espace est plongé dans l'obscurité. Rembrandt projette des rayons de lumière sur les personnages agenouillés au centre et même sur les disciples endormis pour intensifier l'effet dramatique de la scène et orienter l'attention du spectateur vers les états d'âme que vivent les personnages.

La lumière est bien présente ici : « la lumière de Dieu, elle éclaire tout homme venant en ce monde »[55]. La lumière divine vient de l'extérieur de l'image avec l'apparition de l'ange, au lieu de venir de la lune qui n'a qu'un faible rayonnement : « mais en ces jours-là, après cette détresse, le soleil s'obscurcira, la lune ne brillera plus » (Marc 13, 24). La luminosité souligne la lecture personnelle de l'artiste puisque le récit de Luc mentionne bien l'ange mais ne parle d'aucune lumière particulière. Il s'agit d'une pure imagination de Rembrandt qui interprète d'une façon nouvelle Gethsémani, en ajoutant cette lumière forte qui recouvre Jésus, l'ange et les disciples aussi. Pour le peintre, cette irruption de la lumière dans la nuit de Gethsémani symbolise la présence de Dieu qui vient nous éclairer au cours de notre vie souvent assombrie par les difficultés et nos faiblesses.

Par suite Rembrandt insiste sur l'idée que Dieu ne nous abandonne jamais dans notre détresse. Au contraire, il pénètre au cœur de notre souffrance et nous réconforte comme il l'a fait avec son Fils en lui envoyant son ange : « pour moi la lumière fait corps avec toi Seigneur ; elle te transcende et dit ta résurrection, même au plus profond de la nuit du jardin des Oliviers »[56].

Cette attitude de l'ange qui soutient Jésus dans un contact étroit renvoie à une autre gravure de Rembrandt qu'il a dessiné deux ans auparavant vers 1655 : celui du Sacrifice d'Isaac où l'ange retient la main d'Abraham. Dans ces deux eaux-fortes, ce qui attire l'attention c'est l'attitude des personnages plutôt que leurs visages. Ici dans la gravure de Gethsémani, l'ange se tient en face de Jésus, son visage est dans l'ombre ; sa façon de s'appuyer sur sa jambe droite montre qu'il essaye de relever Jésus ou au moins de le soutenir. La lumière éclaire seulement une partie du corps de Jésus tandis que l'autre moitié reste sombre, dans le noir. Jésus tourne légèrement la tête ce qui permet de mieux apercevoir son visage. Il est à genoux, cette position souligne l'humilité de Jésus devant le Père, même au moment le plus intense de son angoisse. Il a les mains jointes et les yeux fermés, ce qui montrent qu'il est en train de prier en espérant que sa coupe passe loin de lui, mais Rembrandt donne l'impression que l'ange est la réponse à cette prière de Jésus.

Tandis que l'évangile de Luc présentait un Jésus faible et très humain, au point d'avoir besoin d'être réconforté par un ange envoyé par le Père : « alors il apparut du ciel un ange qui le fortifiait » (Luc 22, 43), la gravure de Rembrandt essaye, grâce à la proximité entre les deux personnages et leur contact physique, de rendre visible ou de souligner la force que Jésus recevra de l'ange de Dieu pour atténuer la dureté du délaissement de ses disciples et l'aider à affronter son destin.

En continuant notre lecture, nous apercevons à gauche, en bas du tableau, les trois disciples qui dorment proches les uns des autres. Dans ce détail Rembrandt ne suit pas l'évangile de Luc qui ne séparent pas les disciples, mais plutôt celui de Marc et Matthieu qui mettent l'accent sur les trois disciples privilégiés, Pierre, Jacques et

Jean : « il emmène avec lui Pierre, Jacques et Jean. Et il commença à ressentir frayeur et angoisse » (Marc 14, 33 ; Matthieu 26, 37). Ils sont représentés loin de Jésus, peut-être pour marquer l'état du sommeil des disciples par opposition à la détresse profonde de Jésus qui « au moment où il a besoin des siens pour ne pas défaillir, se heurte en eux à cette loi de la demi-mort, de l'engourdissement et du songe »[57].

Au fond du tableau, se trouve une porte où Judas s'avance à la tête d'une troupe pour s'emparer de son maître. Remarquons aussi un jeu de distance significatif entre Jésus et ses disciples d'une part et entre lui et les soldats d'autre part. Dans cette gravure, Rembrandt ne représente pas la sueur qui devient comme des caillots de sang, ni les motifs de la coupe ou de la croix. Il semble que pour l'artiste le simple geste de l'ange soit suffisant pour exprimer la présence silencieuse du Père.

Cette représentation souligne l'œuvre d'un croyant et reflète ses réponses personnelles aux questions qui l'ont hanté durant toute sa vie. Elle nous fait entrer dans l'intimité du lien qu'il entretenait avec Celui qu'il cherchait. Grâce à certaines de ses œuvres, et notamment celle du Christ au mont des Oliviers, Rembrandt nous invite à regarder en face nos peurs et nos souffrances et à les assumer comme le fit le Christ au jardin des Oliviers. Il témoigne que nous ne sommes pas seuls, abandonnés à nous-mêmes, Dieu est avec nous. Il traduit cela par un geste de tendresse : « Dieu se glisse dans ces gestes qui touchent et qui concrétisent l'imagination du cœur »[58]. Le talent du peintre hollandais du XVIIe siècle réside dans sa capacité à émouvoir : « la grandeur de Rembrandt est d'avoir rompu avec son milieu, d'être resté sourd à tout ce qui n'était pas son génie, d'avoir continué son chemin (…), fort de sa seule conviction, d'avoir attendu avec confiance le jour du jugement »[59]. Par son génie si original et si sincère, Rembrandt mérite de devenir l'objet des admirations de tous. Wilhelm Martin écrira en ce sens, en 1936 : « Rembrandt reflète essentiellement ce que notre peuple a de meilleur : de profondes convictions religieuses, une conscience et un esprit de liberté, un besoin d'agir insatiable et indomptable »[60]. Au cours de sa vie Rembrandt réalisera plusieurs œuvres sur Jésus à Gethsémani, comme si le peintre trouvait du réconfort à représenter le combat profondément humain de Jésus. Ainsi Rembrandt continue à nous toucher par l'originalité de son œuvre qui est capable de nous émouvoir encore aujourd'hui.

Nous pouvons conclure notre propos en citant une prière qui aurait pu inspirer notre grand peintre, selon les mots de Bernadette Neipp. Cette prière exprime à la fois la sensibilité et la foi qui habitaient l'âme et tout l'être même de Rembrandt :

« Ô Christ, je me suis senti très proche de toi en gravant la scène de Gethsémani. Tu incarnes à ce moment-là tellement la souffrance d'un homme seul, que t'est indispensable le tendre soutien de l'ange qui vient te rejoindre dans ta vulnérabilité. Ce qui te rend si proche de tout être vivant sur cette terre, au jardin des Oliviers, c'est ta profonde humanité. Ainsi, à l'aide du contact physique avec l'ange qui te soutient, j'essaie d'exprimer ta souffrance d'homme seul ; qui est aussi celle de tout être abandonné par ses semblables.

Ô Christ, par le clair-obscur, je tente de traduire le mystère du salut que je sens si profondément en moi. Les effets de la lumière y sont primordiaux, comme dans toute mon œuvre. Pour moi, la lumière fait corps avec toi, Seigneur ; elle te transcende et dit ta résurrection, même au plus profond de la nuit du jardin des Oliviers.

Par mes clairs-obscurs, j'exprime toute la complexité de l'évangile dans ses passages parfois à peine perceptibles entre la nuit et le jour, à la fois liés l'un à l'autre ou se cédant la place mutuellement.

Ô Christ, cet ange qui vient te fortifier au cœur de ta prière me parle tout particulièrement. Pour moi, il ne pouvait pas être un ange lointain, apparaissant dans le ciel en te tendant la coupe comme l'a fait mon grand prédécesseur Dürer et tant d'autres avant lui. Pour moi, il devait s'agir d'une véritable présence, une présence que tu pouvais ressentir dans tout ton être, âme, esprit et corps. D'où ce tendre soutien qui est mon interprétation personnelle de ce moment du récit.

J'ai ressenti ta présence tout au long de ma vie à travers les êtres qui me sont chers. Et mes œuvres qui tentent de traduire ta Parole de manière tangible en sont la plus vivante expression. Ce soutien à la fois charnel et spirituel m'a aidé à surmonter les deuils et les peurs qui ont jalonné ma vie, comme il le fera également pour tout être vivant sur cette terre[61] ».

Conclusion

L'étude des représentations de Gethsémani chez Rembrandt et Gauguin, nous a permis de découvrir l'originalité et les différences de chacune de ces œuvres qui se fondent pourtant sur un même récit. Pour chacun de ces deux peintres, l'étape cruciale de Jésus au mont des Oliviers a eu un impact important sur leur vie.

D'une part, pour Rembrandt elle montre que Dieu est toujours présent au plus profond de la souffrance. Le peintre traduit cette conviction par la tendresse du geste de l'ange et par la lumière qui vient d'ailleurs. Pour lui, Jésus n'est donc ni seul, ni abandonné par son Père. Cette lecture de Rembrandt n'est pas une sorte de projection, comme cela pourra être le cas chez certains poètes romantiques que nous découvrirons dans le deuxième fascicule, mais le fruit d'une méditation sur un Dieu qui a accepté de devenir homme en Jésus jusqu'à rejoindre l'homme dans sa faiblesse et dans sa souffrance. Un Jésus qui par obéissance a accepté de faire la volonté de son Père jusqu'à la mort sur la croix.

D'un autre côté, Gauguin, en peignant le Christ au jardin des Oliviers, s'est représenté lui-même abandonné. Il a voulu prendre comme référence l'agonie du Christ pour exprimer et refléter sa propre angoisse. Comme si au jardin des Oliviers la souffrance de Jésus transcendait tous les hommes qui sont seuls et qui se sentent abandonnés par les autres, ou tout simplement par Dieu. Ce sentiment que ressentait Gauguin[62], et qui continue à tourmenter les hommes d'aujourd'hui.

Or, par son incarnation, le Christ a souffert au jardin de Gethsémani en tant qu'homme, pour les hommes, à la place des hommes. Il a connu la peur, il a ressenti le silence et vécu la solitude de chaque homme ; c'est pour cette raison que personne ne se sent étranger à sa figure puisque Jésus s'est identifié au destin de chacun. Le Christ devient alors un exemple donné aux hommes au moment de leurs épreuves. Il a accepté de mourir pour offrir à l'humanité une nouvelle vie, une vie qui débouche sur l'amour en tant qu'enfants de Dieu et non sur la solitude et l'injustice.

Remerciements

Je remercie infiniment le peintre américain Anthony Falbo pour m'avoir accordé gracieusement le droit d'utiliser sa peinture de Jésus à Gethsémani sur la couverture du livre.

Un grand merci aussi au musée de Norton Museum of Art à West Palm Beach en Floride pour m'avoir donné gracieusement l'autorisation d'utiliser la peinture de Paul Gauguin « le Christ au jardin des Oliviers ».

Merci encore à chaque personne qui m'a aidée à réaliser ce projet.

Table

Notes

1 Wassily Kandinsky, *Du spirituel dans l'art, et dans la peinture en particulier,* Denoël, 1989, p. 56.

Introduction

2 Olegario Gonzalez de Cardedal, « Expérience religieuse et création artistique », in Communio, n° 20, juillet-août 1995, pp. 145-146.

3 He Qi, *Praying at Gethsemane*, 1999, Chine.

4 Anthony Fablo, *Gethsemane The Hour is Near,* 2006, Floride.

5 Bernadette Neipp, *Gethsémané, Rembrandt et le dernier combat de Jésus*, Suisse, 1999, p. 18.

Le personnage de Jésus

6 Stefano di Giovanni, L'agonie au jardin des Oliviers, 1437, Detroit, Institute of Arts.

7 Giovanni Bellini, *L'agonie dans le jardin des Oliviers,* 1465, Londres, National Gallery.

8 Duccio di Buoninsegna, *Le Christ au mont des Oliviers*, 1309, Sienne, Museo dell opéra del Duomo.

9 Albrecht Dürer, *Le Christ au jardin des Oliviers,* 1515, Vienne.

10 Rueland Frueauf the Elder, *The agony in the garden,* 1491, Londres, National Gallery.

11 Albrecht Dürer, *Le Christ au mont des Oliviers,* 1521, Frankfort, Städelsches Kunstinstitut.

12 Anne-Francois-Louis Janmot, *Le Christ au mont des Oliviers,* 1840, Lyon, Musée des Beaux-Arts.

13 Hans Multscher, *Prayer on the Mount of Olives,* 1437, Berlin, Staatliche Museen.

14 Marc 14, 35.

15 Ki-Chang Woonbo Kim, *Christ in Gethsemane,* 1952, Corée.

16 Jesus Mafa, *Christ on Gethsemane,* 1973, Cameroun.

17 Walter Richard West, *Gethsemane,* 1954, Oklahoma.

L'ange qui présente la coupe ou la croix

18 Benvenuto di Giovanni, *The agony in the garden,* 1490, Washington, National Gallery.

19 Andrea Mantegna, *Prière du Christ au jardin des Oliviers,* 1455, Londres, National Gallery.

20 Lorenzo Ghiberti, *La prière au jardin des Oliviers,* 1440, Florence, Cathédrale.

21 Théodore Chassériau, *Le Christ au mont des Oliviers,* 1840, Lyon, Musée des Beaux-arts.

22 Sebastiano Ricci, *Le Christ au jardin des Oliviers,* 1730, Vienne, Kunsthistorisches Museum.

23 William Blake, *L'agonie au jardin,* 1800, Londres, Tate Collections.

24 Heinrich Hofman, *Christ in the garden of Gethsemane,* 1890, New York, Riverside Church.

Les disciples

25 Giovanni di Paolo, *The agony in the garden,* 1445, Vatican, Picture Gallery.

26 Lo Spagna, *The agony in the garden,* 1500, London, National Gallery.

27 Sandro Botticelli, *The agony in the garden,* 1500, Grenade Capilla Real.

28 Andrea Mantegna, *Le Christ au jardin des Oliviers,* 1459, Londres, National Gallery.

29 Giovanni Bellini, *L'agonie dans le jardin des Oliviers,* 1465, Londres, National Gallery.

30 Albrecht Dürer, *La grande passion,* 1496, Vienne.

Le Jardin

31 Sandro Botticelli, *The agony in the garden,* 1500, Grenade, Capilla real.

32 Giovanni Bellini, *The agony in the garden*, 1459, Londres, National Gallery.

33 Fra Angelico, *Le jardin des Oliviers,* 1440, Florence, Couvent San Marco.

34 Anne-François-Louis Janmot, *Le Christ au mont des Oliviers*, 1840, Lyon, Musée des Beaux-Arts.

35 L'expression est connue aussi sous le nom de Mater dolorosa, cette vierge de douleur est représentée assise avec un visage déformé par la douleur et porte dans ses bras le corps inerte de son fils descendu de la croix.

36 James Tissot, *Agony in the garden,* 1896, New York, Brooklyn Museum.

37 Michel Feuillet, *Représenter Dieu,* Paris, DBB, 2007, p. 96.

Le Christ au Mont des Oliviers Paul Gauguin

38 Ensemble de tendances artistiques de la fin du XIXe et du début du XXe siècle qui divergent de l'impressionnisme ou

s'opposent à lui (néo-impressionnisme, synthétisme, nabis, préfigurations de l'expressionnisme ou du fauvisme).

39 Bernard Clavel, *Gauguin,* Lyon, 1958, p. 23.

40 Ibid., p. 42.

41 B. Clavel, *op. cit.,* p. 20.

42 Norton Museum of Art, West Palm Beach, Floride.

43 Paul Gauguin, Lettre à Schuffenecker, 8 octobre 1888.

44 Alain Buisine, *Passion de Gauguin*, Paris, 2012, p. 172.

45 Bernard Clavel, *op. cit.,* p. 35.

46 Alain Buisine, *op.cit.,* p. 91.

Jésus au jardin de Gethsémani Rembrandt Van Rijn

47 Émile Michel, *Les chefs-d'œuvre de Rembrandt,* Paris, 1906, p. 86.

48 Ibid., p. 54.

49 Paul Baudiquey, *Un évangile selon Rembrandt,* Belgique, 1989, p. 37.

50 L'eau-forte est un procédé de gravure en creux sur une plaque métallique à l'aide d'un mordant chimique (un acide).

51 11,1 x 8,4 cm.

52 Paul Baudiquey, *Un évangile selon Rembrandt,* Belgique, 1989, p. 39.

53 Blaise Pascal, *Pensées II,* Paris, Gallimard, 1977, p. 32.

54 Cité par Michael Bockemühl, Rembrandt : le mystère de l'apparition, Cologne, 1992, p. 78.

55 Paul Baudiquey, *op.cit.,* p. 24.

56 Bernadette Neipp, *Gethsémané, Rembrandt et le dernier combat de Jésus,* Suisse, 1999, p. 74.

57 François Mauriac, *Vie de Jésus,* Paris, 1936, p. 223.

58 Bernadette Neipp, *op.cit.,* p. 74.

59 Encyclopédie par l'image, art. Rembrandt, Paris, 1926, p. 62.

60 Martine Vasselin, *Encyclopaedia Universalis,* corpus 20, Paris, 2011, p. 475.

61 Bernadette Neipp, *Gethsémané, Rembrandt et le dernier combat de Jésus,* Suisse, 1999, pp. 74-75.

Conclusion

62 « Depuis mon enfance le malheur s'acharne sur moi. Jamais une chance, jamais une joie. Tout toujours contre moi et je m'écrie : mon Dieu, si vous existez, je vous accuse d'injustice », Paul Gauguin, lettre à William Molard, Tahiti, 1897.